Jôcs Cefn Gwlad

Argraffiad cyntaf: 2004

Lluniau: Sion Jones

Llun yr awdur: Keith Morris

Rhif Llyfr Rhyngwladol: 0 86243 755 5

Cyhoeddwyd, argraffwyd a rhwymwyd yng Nghymru
gan Y Lolfa Cyf., Talybont, Ceredigion SY24 5AP
e-bost ylolfa@ylolfa.com
gwefan www.ylolfa.com
ffôn (01970) 832 304
ffacs 832 782

Rhagair

Rwyf wastad wedi cael pleser a mwynhad yn creu a chasglu storïau neu jôcs doniol – rhywbeth fydd yn gwneud i bobol chwerthin. Does dim byd gwell na chlywed a gweld person yn chwerthin yn iachus. Yn aml iawn bydd yna gnoc wrth y drws – rhywun isie stori neu jôc at rhyw achlysur neu'i gilydd – ac o'r diwedd dyma gyfle i rannu fy jôcs gyda'r byd a'i bobol.

Dyma gasgliad o rai jôcs wnaeth beri i mi chwerthin. Gobeithio felly gewch chi hwyl wrth ddarllen y storïau, yr un hwyl y cefais innau wrth eu dweud a'u traddodi ar lwyfannau ledled Cymru. Mae'r llyfr hwn yn fodd i ddiolch i bawb sydd wedi chwerthin ar unrhyw beth rwyf wedi ei ddweud neu wneud yn y gorffennol (a'r dyfodol, wrth gwrs!).

Hoffwn hefyd ddiolch i Carys Briddon am droi fy ysgrifen aneglur yn ddarn o bapur darllenadwy.

Glan Davies
Aberystwyth 2004

Ffermio

Dyna fois yw'r ffermwyr 'ma! O'dd ffarm gyda Edgar, a o'dd e wrth 'i fodd yn arbrofi. Fe fuodd e'n rhoi wisgi yn lle dŵr i'r ieir i weld os allen nhw ddodwy *scotsh eggs!*

★ ★ ★

Fe lyncodd un iâr bump band rwber. Ga'th hi drafferth 'da'r wy cynta 'naeth hi ddodwy – 'naeth hi ddodwy fe bump o weithiau!

★　★　★

Fe brynodd Jac geffyl rasus, a 'na beth o'dd ceffyl, o'dd e'n rhedeg ar dair coes – a defnyddio'r goes arall i faglu'r ceffylau eraill!

O'dd y ceffyl wedi'i ddodi mewn un ras, ac o'dd gobaith y bydde fe'n ennill, neu o leia bydde ishe camera i dynnu llun wrth iddyn nhw groesi'r llinell ola. Ond erbyn i'r ceffyl ddod fewn o'dd hi'n rhy dywyll i dynnu'r llun.

Fe benderfynodd fynd â'r ceffyl i redeg mewn ras yn Ascot. Holodd y boi yn y ffarm drws nesa os alle fe neud rhywbeth i helpu'r ceffyl ennill.

"Gelli," medde hwnnw. "Bydden i'n rhoi tamed bach o ddôp i'r ceffyl."

"Ie," medde Edgar, "ond ma'r milfeddyg yn edrych ar y ceffyle cyn bod nhw'n mynd mas i redeg."

"Wel," medde'r cymydog, "rho'r dôp mewn lwmp o siwgwr, a cer â cwpwl o lwmpe sbâr gyda ti. Os neith e holi, rho lwmpyn iddo fe hefyd."

Draw a fe i Ascot gyda'r ceffyl. Cyn y ras, fel o'dd e'n rhoi'r lwmp i'r ceffyl, daeth y milfeddyg heibio a'i weld e.

A medde'r milfeddyg, "Chi'n rhoi dôp i'r ceffyl!"

"Nagw," medde Edgar, "rhoi siwgwr i'r ceffyl."

"Ife?" medde'r milfeddyg. "Dydw i ddim yn dy gredu di."

"Wel," medde Edgar, "os nag 'ych chi'n hapus, cymerwch lwmp eich hunan."

"Ie," medde'r milfeddyg, "ond beth os oes dôp yn y siwgwr?"

"Iawn," medde Edgar, "gymera inne lwmp hefyd i brofi i chi."

A felly dyna lwmp i'r ceffyl, lwmp i'r milfeddyg a lwmp i Edgar.

Mewn â'r joci, a fel o'dd e'n mynd ar gefn y ceffyl, dyma Edgar yn gweud wrtho, "Nawr gwranda; ma hon yn ras bwysig. Dyma'r tactegau – am yr wyth ffyrlong gynta, dal y ceffyl nôl; am yr wyth ffyrlong ola, gollwng e fynd. A paid becso, os eith rhywun heibio i ti, fi neu'r milfeddyg fydd e."

★   ★   ★

O'dd gwraig Edgar mor salw, o'dd e'n ei rhoi hi allan yn y cae fel bwgan brain. Ro'dd yr adar yn cael cyment o ofn, nid yn unig o'n nhw'n gadael yr hadau i fod, ond roedden nhw'n dod nôl â beth o'n nhw wedi'i ddwyn flwyddyn cyn hynny!

Do'dd dim lot fawr o glem gyda hi sut i goginio. O'dd hi'n gwneud pysgod i frecwast, cinio, te a swper saith diwrnod yr wythnos. Ro'dd hi'n fenyw ofergoelus; un pnawn Gwener syrthiodd cyllell oddi ar y bwrdd. "O!" medde hi. "Ma rhywun yn dod."

"Gwd," medde Edgar, "gobeithio mai'r bwtshwr yw e!"

★   ★   ★

Roedd deg o blant gan Edgar, ac fe benderfynodd fynd â nhw lan i Sioe Amaethyddol Cymru yn Llanelwedd un blwyddyn. Wedi mynd o amgylch y sioe, daethon nhw at y babell ble oedd y prif darw.

"Allwn ni fynd fewn?" ebe Edgar wrth y stiward.

"Gelli," medde hwnnw, "ond fe gosdith bunt i ti."

"Punt yr un?" medde Edgar. "Beth am y gymanfa o blant sydd gyda fi fan hyn?"

"Ti sydd â rhain i gyd?" medde'r stiward.

"Ie," medde Edgar.

"Aros funed," medde'r stiward. "Ddo i â'r tarw mas i dy weld di nawr!"

★   ★   ★

Fe ddechreuodd y ffarmwr 'ma gadw moch, a phrynodd hwch, ond ar ôl blwyddyn o'dd dal dim sôn am foch bach.

Clywodd bod clobyn o fochyn gyda'r ffarmwr drws nesa, a lawr â fe i gael gair gyda hwnnw.

"Dere a hi lawr i ni weld beth allwn ni neud," medde hwnnw, a rhoddodd raff am wddw'r hwch, a'i thynnu hi lawr i'r ffarm drws nesa.

"Nawr," medde'r ffarmwr, "rown ni'r hwch i fewn gyda'r mochyn. Wedyn ewn ni am baned o de, a ddewn ni nôl mewn awr."

Ar ôl awr, lawr â nhw i'r twlc mochyn.

"Nawr gwranda," medde'r ffarmwr, "cer â honna adre, a phan godi di yn y bore, os bydd hi'n byta gwair, dere â hi nôl. Os bydd hi'n rowlio yn y mwd, mi fydd hi'n iawn."

Bore wedyn, aeth i weld yr hwch, a dyna lle oedd hi'n byta gwair. Dyma fe'n rhoi rhaff am ei gwddw hi, a nôl â hi am sesiwn arall cyn cael ei llusgo adre eto. Bore wedyn, dyna lle oedd yr hwch yn byta gwair – a fel 'na buodd hi am wythnos – nôl ac ymlaen – nes yn y diwedd, i arbed amser, dyma fe'n rhoi'r hwch mewn whilber a'i rowlio hi i'r ffarm drws nesa. Bore wedyn eto o'dd hi'n bwyta gwair. Ar ôl tri diwrnod o fynd yn y whilber, dyma'r ffarmwr yn dihuno'r pedwerydd bore ac yn gweud 'tho'i wraig, "Edrych mas i weld beth ma'r hwch yn neud – odyw hi'n byta gwair, neu'n rowlio yn y mwd?"

"Wel," medde'r wraig, "dyw hi ddim yn byta gwair, a dyw hi ddim yn rowlio yn y mwd."

"Beth ma hi'n neud te?" medde'r ffarmwr.

"Ma hi'n ishde yn y whilber!"

★   ★   ★

Roedd yna Americanwr wedi dod draw i weld shwt o'dd y Cymry yn ffermio, ac fe gafodd ymweld â ffarm Eli yn Sir Benfro. Cyn dechre, dyma fe'n holi Eli,

"Beth yw maint eich ffarm chi?"

"Wel," medde Eli, "mae'n dechre fan hyn, draw at y goeden 'na ddau gae bant, wedyn draw i'r sgubor ac yna draw i'r postyn 'na, a nôl i fan hyn."

"Ti'n gwbod," ebe'r Ianc, "ma ffarm gyda fi yn America ac mae'n cymeryd tri diwrnod i fynd rownd hi mewn car."

"Wel 'na beth od," medde Eli, "buodd car fel 'na gyda fi unwaith!"

Y Meddwyn

O'dd Harri Bach yn arfer mynd mas bob nos am hanner awr wedi pump i'r dafarn leol, a dod gatre am hanner awr wedi naw yn feddw dwll.

Ar ôl mis, dyma Hanna ei wraig yn gweud wrtho fe, "Os nag wyt ti'n rhoi'r gore i'r yfed 'ma, ti'n mynd i farw yn ifanc."

Hanner awr wedi pump y noson wedyn, mas â Harri, a dod nôl am hanner awr wedi deg yn feddw rhacs. Ar ôl tair wythnos o hyn, dyma Hanna yn gweud wrtho, "Os nag wyt ti'n rhoi'r gore i'r yfed 'ma, ti'n mynd i wario ein harian ni i gyd."

Y noson wedyn, allan â Harri am hanner awr wedi pump a nôl am hanner awr wedi deg yn feddw geibe.

Fe benderfynodd Hanna bod rhaid rhoi stop ar hyn a fe gofiodd bod coeden wrth giât y tŷ, felly dyma hi'n penderfynu taflu shiten wen drosti hi ei hunan, neido allan, a rhoi ofon i Harri er mwyn ei sobri fe.

Hanner awr wedi pump, ac allan â Harri i'r dafarn fel arfer. Am ugain muned wedi deg, a'th Hanna allan i'r ardd, a'r shiten wen dan ei chesel. Dyma hi'n taflu'r shiten dros 'i phen, ac aros i Harri ddod adre.

Hanner awr wedi deg, dyma Harri'n dod gatre yn

feddw shils, ac wrth iddo fe agor y giât, dyma Hanna yn neido allan a gwaeddi "Aaaa!" Edrychodd Harri arni a gweud, "Sefwch funud nawr, ond pwy alla i ddweud 'ych chi?"

"Fi yw'r Diafol!" medde Hanna.

"Wel clywch," mynte Harri. "Dewch mewn i tŷ ni, i chi gael cwrdd â'ch chwaer!"

★ ★ ★

Fe a'th Harri i ocsiwn yn Abertawe i brynu parot. O'dd e wedi yfed peint neu ddau cyn mynd, a phan welodd yr aderyn arbennig yma, fe ddechreuodd godi ei law i'w brynu. Yn y diwedd, fe lwyddodd i brynu'r parot am ddeugain punt, a phan aeth e lan i dalu, fe holodd yr ocsiwniar, "Ma hwn yn barot drud am ddcugain punt – ody e'n gallu siarad?"

"Wrth gwrs ei fod e," medde'r ocsiwniar. "Pwy wyt ti'n meddwl sydd wedi bod yn bidio yn dy erbyn di am y chwarter awr ddwetha?"

★ ★ ★

Gwendid mawr Harri oedd ei fod e'n dueddol o wneud pethe twp yn ei gwrw. Fe brynodd y byji 'ma wrth un o'r bois mewn tafarn un nos Sadwrn. A 'na beth o'dd deryn. O'dd e'n ffansïo ei hun fel tipyn o Batman – 'na i gyd na'th e yr wythnos cynta o'dd hedfan rownd a rownd y catsh ben ucha'n isha. Dim bod ots bod e'n neud 'nny, ond dyle chi weld y *mess* o'dd e'n neud ar y *ceilings*.

A'th y pwr-dab i deimlo yn unig ar ôl mis, a fe brynodd Harri ddau fyji plastic a'u rhoi nhw mewn yn y catsh fel cwmni iddo fe. Ar ôl tri diwrnod o'dd e'n gweiddi ar hyd y lle, "Croeso i Madame Tussauds".

★   ★   ★

O'dd 'da fi wncwl o'dd yn lico'i beint. A'th i weld doctor un diwrnod, ac fe wedodd e wrth Wncwl Dai ei fod e'n godde o *alcoholic constipation*.

"Beth ma hynna'n ei olygu?" medde Wncwl Dai wrth y doctor.

"Wel," medde'r doctor, "ti'n cael trwbwl paso tŷ tafarn."

A'th fewn i'r tŷ tafarn lleol un noson, ac fe ofynnodd y boi tu ôl i'r bar i Dai, "Beth licet ti gael i yfed?"

"Dere â peint o llai i fi," medde Wncwl Dai.

"Peint o llai? Beth yw hwnnw?" medde'r barman.

"Sdim syniad gyda fi," medde Wncwl Dai. "Y doctor wedodd dylen i yfed llai."

★   ★   ★

Fe gath y boi drws nesa 'i stopio gan yr heddlu ar y ffordd adre un noson tra'n gyrru'r car.

"Rwy'n credu dy fod ti wedi bod yn yfed. Nawr, fi isie i ti chwythu mewn i'r bag 'ma."

"Pam?" medde'r boi drws nesa. "Odi dy chips di yn dwym?"

★   ★   ★

O'dd y tri boi 'ma yn gadael y dafarn un noson wedi 'i dal hi, a mewn â nhw i'r car.

"Nawr bois," medde'r gyrrwr, "os gewn ni ein stopio gan yr heddlu, cofiwch ddweud eich bod chi yn rhywun enwog."

Rhyw filltir lawr yr heol, o'dd heddwas yn stopio pawb, ac fe dda'th e draw at gar y tri.

Gofynnodd yr heddwas i'r gyrrwr am ei enw, ac fe atebodd, "F W Woolworth."

Edrychodd yr heddwas ar y boi o'dd nesa at y gyrrwr, oedd yn feddw gaib. "Pwy wyt ti?" medde fe.

"W H Smith," medde hwnnw.

Fe welodd bod y boi yn y cefn yn edrych tamed yn well na'r ddau arall, ac fe ofynnodd i hwnnw am ei enw, a fe atebws, "Halifax Building Society!"

★   ★   ★

Fel o'dd Wncwl Dai yn cyrraedd adre un noson yn feddw dwll, pwy o'dd yn aros y tu fas i'r tŷ ond y plisman ifanc 'ma.

"Chi'n iawn?" medde hwnnw wrth Wncwl Dai.

"Odw," medde Wncwl Dai. "Ti'n gweld y tŷ 'na fan'na â'r drws coch − fy nhŷ i yw hwnna. Der 'da fi," a mewn â nhw i'r tŷ.

"Ti'n gweld y stâr 'na fan'na? Stâr fy nhŷ i yw rheina. Der 'da fi," medde Dai a lan y stâr â nhw. "Ti'n gweld y stafell molchi 'na fan'na? Fy stafell molchi i yw honna. Der 'da fi," a mewn â nhw i'r stafell molchi. "Ti'n gweld y stafell wely 'ma? Fy stafell wely i yw honna. Ti'n gweld y gwely 'na fan 'na? Fy ngwely i yw hwnna. Ti'n gweld y fenyw 'na yn y gwely? Fy ngwraig i yw honna. Ti'n gweld y boi 'na yn y gwely wrth 'i hochor hi? Fi yw hwnna!"

★　★　★

Fe wedodd Blodwen wrth Ernie ei bod hi'n ffansïo malwod i swper, a gofynnodd iddo fynd lawr i'r *delicatessen* lleol i brynu bocsied o falwod.

"Iawn," medde Ernie, "ond bydda i'n galw am beint yn y clwb ar y ffordd adre."

"Gwna'n siŵr mai dim ond un peint fydd e," medde Blod, "a paid bod yn hwyr adre."

Bant â Ernie. Fe brynodd y malwod, a draw â fe i'r clwb. Fe brynodd y peint a'i yfed, cyn troi am adre.

Wrth iddo adael y clwb, pwy o'dd yn dod i mewn ond hen gyfaill ysgol. Gofynnodd hwnnw iddo ddod nôl am beint a sgwrs, a fe a'th un yn ddou, a dou yn dri. Fe hedfanodd yr amser cyn i Ernie sylweddoli ei bod hi'n un ar ddeg y nos, a'i fod e a'r malwod heb fynd adre.

Fe dasgodd mas o'r clwb, a gatre â fe, â'r bocs malwod dan ei fraich. Wrth fynd fewn drwy'r giât, o'dd gole atal lladron ar wal flaen y tŷ, ac fe dda'th hwnnw mla'n yn ddirybudd. Fe gath lond twll o ofan, ac fe gwmpodd y bocs malwod nes eu bod nhw ar hyd y lle ymhob man. Pwy agorodd y drws ffrynt ond Blodwen, a pan welodd hi Ernie a'r malwod ar hyd y lle, dyma hi'n gweiddi, "Gatre yn gynnar wedes i! Lle ar y ddaear wyt ti wedi bod?"

"Reit 'te bois," medde Ernie wrth y malwod, "esboniwch wrth hon faint o amser mae wedi cymryd inni ddod o'r *delicatessen* i fan hyn!"

Mam-yng-nghyfraith

Fel wedodd 'nhad-yng-nghyfraith cyn i mi briodi Mari, "Allen ni fod wedi ei byta hi." Wedi i fi ei phriodi hi, fi'n flin iawn na fydden ni wedi ei bwyta hi.

★   ★   ★

Dyma'r unig fenyw fi'n nabod sy'n angen tair awr mewn parlwr prydferthu. A ma hynny jest i gael *estimate*.

O'dd hi wastad yn cwyno bod gormod o waith ganddi hi, felly fe brynais i ffwrn drydan iddi, ac oergell, rhewgell, sugnwr llwch, peiriant golchi llestri, a peiriant golchi a sychu dillad. Yn y diwedd, o'dd hi'n cwyno bod dim byd ganddi hi i neud. Erbyn hyn ro'n i wedi cael llond bola, ac fe brynais gadair drydan iddi!

★   ★   ★

Aeth i'r theatr un noson, a phan gyrhaeddodd y fynedfa, holodd y boi wrth y drws os o'dd tocyn ganddi hi.

"Nagoes," medde hi.

"Wel," medde'r rheolwr, "Ma'r neuadd yn llawn heno. Does gyda ni ddim un sedd wag."

"Gwrandwch 'ma," medde hi. "Fi'n fenyw bwysig iawn yn yr ardal yma. Fi'n sicr y gallech chi ddod o hyd i sedd i fi."

"Dim gobeth," medde'r rheolwr, "y'n ni'n llawn dop."

"Clywch 'ma," medde fy mam-yng-nghyfraith, "tase Tywysog Cymru yn dod fan hyn nawr ishe sedd, byddech chi yn siŵr o gael sedd iddo fe."

"Bydden, wrth gwrs," medde'r rheolwr.

"Iawn," medde fy mam-yng-nghyfraith, "symo fe'n galler dod – gymera i ei sedd e!"

★　★　★

O'dd mam-yng-nghyfraith Harold yn fenyw ariannog. Pan fydde hi yn siopa o'dd hi wastad yn dweud, "Rhowch e ar y bil – dala i ar ddiwedd y mis."

A'th hi fewn i siop y fferyllydd lleol a holi am botel o asprin, a fel arfer, yr un o'dd y dull o dalu – "Rhowch e ar y bil – dala i ar ddiwedd y mis," ac allan â hi o'r siop.

Ddau ddiwrnod wedyn, o'dd hi'n digwydd mynd heibo'r siop pan welodd Ffred y Fferyllydd hi, ac allan ag e i'r drws a gweiddi ar 'i hôl hi.

"Mrs Jones! 'Nes i gamsyniad y dydd o'r bla'n – nid aspirin rhoies i chi, ond strychnine."

"Beth yw'r gwahanieth, Ffred?" holodd hi.

"Dim ond deg ceiniog, Mrs Jones!"

★   ★   ★

O'dd Harri Bach tu fas i'r tŷ un prynhawn yn dadlwytho fan fach pan welodd ei gyfaill, Wil.

"Wil," medde Harri, "fyddet ti'n fodlon helpu fi i gael y mochyn 'ma mas o gefn y fan?"

A dyna naethon nhw.

"Wil," medde Harri eto, "fyddet ti'n fodlon helpu fi i gael y mochyn drwy'r iet, a lan i ddrws y tŷ?"

A dyna naethon nhw.

"Wil," medde Harri eto, "fyddet ti'n fodlon helpu fi gael y mochyn i mewn i'r tŷ a lan y grisiau?"

A dyna naethon nhw.

"Wil," medd Harri eto, "gan bo ti wedi helpu fi ddod mor bell â hyn, allet ti helpu i gael e i mewn i'r ystafell molchi ac i'r bath?"

A dyna naethon nhw.

A dyma Wil yn troi at Harri Bach a holi, "Beth o'dd y pwynt o ddod â'r mochyn i mewn i'r tŷ a mewn i'r bath?"

"Wel, fe weda i wrthot ti," medde Harri. "Mae fy mam-yng-nghyfraith yn dod i aros gyda ni dros y penwythnos, a dyna beth yw menyw sy'n gwbod y cwbwl. 'Se ti'n gweud ei bod hi'n mynd i fwrw eira fory, mae hi'n siŵr o ateb, 'Fi'n gwbod, fi'n gwbod'. A 'se ti'n gweud mae Llafur enillith y lecsiwn nesa, mae hi'n siŵr o ateb, 'Fi'n gwbod, fi'n gwbod'. Nawr bore dydd Sadwrn nesa, pan fydd honna yn codi a mynd i mewn i'r ystafell molchi, mae'n siŵr o weiddi, 'O! Edrychwch, ma mochyn yn y bath!' Ac fe fydda i'n ateb, 'Fi'n gwbod, fi'n gwbod'!"

★　★　★

Fe gwrddodd Dai â'i dad-yng-nghyfraith y dydd o'r bla'n yn llwytho gwely o'dd e newydd brynu i mewn i gefn lorri.

"Beth 'ych chi'n neud, Jac?" medde Dai wrth ei dad-yng-nghyfraith.

"Brynes i'r gwely dŵr 'ma i fi a'r wraig, a fi'n mynd â fe nôl i'r siop."

"Pam 'ych chi'n neud 'nny?" medde Dai.

"Achos mae ei hochor hi wedi rhewi." medde Jac.

★　★　★

A'th fy ngwraig i weld y deintydd, a pan eisteddodd yn y gadair, fe wedws wrth y deintydd, "'Wi ddim yn gwbod p'un sydd waetha, cael dant mas ynte cael babi."

"Wel," medde'r deintydd, "penderfynwch yn glou, i fi ga'l gwybod pa ffordd fi fod i roi'r gadair!"

★　★　★

O'dd ganddi hi ffordd ryfedd o goginio pysgod. Mi fydde'n prynu tri pysgodyn – dau fach, a un mawr. Bydde hi'n rhoi'r tri i fewn i'r ffwrn gyda'i gilydd. Pan fydde'r ddau fach wedi llosgi, o'dd hi'n gwbod bod yr un mawr yn barod!

Cardis

Ma' hysbyseb newydd ar gyfer ffa pôb ar S4C – mae'n mynd rhywbeth yn debyg i hyn: *"Every day a Cardigan housewife picks up a tin of beans and says, 'Hei! Ma un yn ishe!'"*

* * *

O'dd y Cardi 'ma yn ishde wrth y bar mewn tafarn, a'i beint o'i fla'n, ac fe gwmpodd cleren fawr i'r cwrw. Cydiodd y Cardi yn y gleren, ei thynnu hi mas o'r cwrw, a gweiddi, "Poera fe mas, neu fe ladda i di!"

* * *

Beth 'ma Cardi yn rhoi fel anrheg pen-blwydd neu Nadolig i'w wraig?

Tiwb o *lipstick*, achos ma fe'n gwbod bod e'n mynd i gael 'i hanner e nôl!

* * *

Fe a'th y Cardi ar ei wyliau, a wedi dechrau hedfan fe ddywedodd y peilot bod yr awyren yn mynd i ddisgyn, ac y dylai pawb wneud eu dyletswyddau ola. Dyma wraig yn y bla'n yn penlinio a gweddïo, boi yn y canol yn canu emyn, a gŵr yn y cefn yn adrodd adnodau o'r Beibl. A'r Cardi – tynnodd 'i gap bant, a fe a'th rownd am gasgliad!

* * *

O'dd parti mawr wedi'i drefnu yng Nghaerdydd ac ro'dd y gwesteion i gyd i fod i fynd â rhywbeth 'da nhw. A'th un boi â dau focs o win. A'th merch arall â bocs mawr o frechdanau. A'th un arall â chasgen o gwrw. A'r Cardi – fe a'th â'i frawd gyda fe!

★   ★   ★

O'dd y Cardi 'ma wedi cwympo mas o gwch i'r môr. Pan achubwyd e o'r dŵr, doedden nhw ddim yn siŵr os o'dd e wedi boddi neu beidio.

"Sut allwn ni wybod?" gofynnodd rhywun.

"Digon rhwydd," medde rhyw wag. "Rho dy law yn 'i boced e, lle ma'i arian e. Os na symudith e, mae e wedi marw!"

★   ★   ★

A'th y Cardi 'ma i'r theatr yn Llundain a holi'r ferch wrth y drws faint o'dd hi'n costio i weld y sioe.

"£15.00 lan llofft, £10.00 lawr llawr, £1.00 am raglen."

"Iawn," medde'r Cardi, "dewch â rhaglen i fi am £1.00. Eistedda i ar honna!"

★   ★   ★

Fe brynodd y Cardi 'ma un o'r *debentures* o'dd ar gael gan Undeb Rygbi Cymru i'r Stadiwm yng Nghaerdydd. Ac o'dd e mor siomedig ar ôl y gêm ddwetha rhwng Cymru a Lloegr, pan dda'th e adre, fe hoeliodd y tocyn i'r giât ar waelod yr ardd. Y bore wedyn pan gododd e, ro'dd rhywun wedi dwyn yr hoelen!

* * *

Fe syrthiodd y Cardi 'ma mewn i gasgen fawr o gwrw. Gymerodd hi dair awr iddo fe farw. Bydde fe wedi marw yn gynt ond fe dda'th allan ddwywaith i fynd i'r tŷ bach.

* * *

Ma nhw wedi darganfod ffordd newydd o wneud omlet yng Ngheredigion – chi'n cael menthyg pedwar o wye!

Pobol y Pentre

Dyna fachan o'dd Dat-cu – o'dd wastad rhyw stori ganddo fe.

"Ti'n gwbod," medde fe wrtha i un prynhawn, "shwt ma gwaredu llau oddi ar gi?"

"Nadw," medde fi.

"Wel," medde Dat-cu, "Ti'n golchi'r ci mewn *salts* i ddechre, a tra bod y llau yn mynd i'r tŷ bach, ti'n cwato'r ci!"

★   ★   ★

O'dd 'na fenyw yn byw ar bwys Dat-cu a'th â deunaw o blant yr ardal gyda hi am dro yn y fan un prynhawn. Wrth bod hi'n mynd lawr yr hewl, fe benderfynodd stopio, heb rybudd nag arwydd na dim.

O'dd y boi bach o'dd tu ôl iddi ddim yn hapus. Fe lwyddodd i stopio'i gar bedair modfedd wrth gwt fan y fenyw. O'dd e mor grac, fe a'th draw at y fan, cnocio'r ffenest a dweud wrth y fenyw fach:

"Symoch chi'n gwbod pryd ma stopio."

"Chi wedi gwneud camsyniad," medde hi. "Nage fi sydd pia nhw gyd!"

* * *

A'th y boi 'ma fewn i siop y gornel ar fore dydd Llun, ac ro'dd hi'n amlwg bod y wraig o'dd tu ôl i'r cownter ddim mewn hwyliau da.

Holodd e am hanner pwys o fananas.

"Flin 'da fi," medde hi, "Ry'n ni newydd werthu'r pwys dwetha."

"Alla i gael pwys o *pears*?"

"Flin 'da fi," medde hi, "ond fory ma'r trafîlwr yn galw."

"Wel," medde'r boi bach, "alla i ga'l pedwar oren?"

"Flin 'da fi," medde hi. "Sdim un ar ôl."

"Reit," medde fe, "o's fale gyda chi?"

"O's," medde hi.

"Fale cadw?" medde fe.

"Ie," medde hi.

"Iawn," medde fe. "Wel cadwch nhw 'te!"

* * *

O'dd gyda ni fenyw yn y pentre o'dd yn ugain stôn, yn fenyw anferth, a dweud y lleia. Un dydd fe aeth hi lawr i'r trath yn y Mwmbwls am drip.

Cyn cinio fe benderfynodd fynd mewn i'r môr am dro. Buodd bois y bad achub am dair awr yn trio'i pherswado hi i ddod mas o'r dŵr, er mwyn i'r llanw ga'l dod mewn!

★ ★ ★

O'dd ganddon ni gymeriadau lleol – fel Dewi – o'dd yn mynd lawr yr hewl un diwrnod yn y car gyda'i gariad wrth 'i ochor. Dyma lle o'dd e, un llaw ar yr lyw y car a'r llaw arall o amgylch 'i fenyw.

Pan gyrhaeddodd sgwâr y pentre, fe stopiodd yr heddlu fe a dweud, "Pam na ddefnyddi di dy ddwy law?"

"Iawn," medde Dewi, "ond pwy sy'n mynd i ddreifio wedyn?"

★ ★ ★

O'dd Dewi yn arfer cadw milgwn, a do'dd un ohonyn nhw ddim wedi bod yn rhedeg yn arbennig o dda. Fe benderfynodd fynd â'r milgi i weld y milfeddyg lleol.

Edrychodd hwnnw ar y milgi ac archwilio'r ci o'i ben i'w gwt ac o'i gwt i'w ben.

"Gwranda," medde'r milfeddyg, "Alla i ddim gweud wrthot ti pam symo hwn yn rhedeg yn arbennig o dda, a alla i ddim gweld llawer yn bod arno. Y peth gorau i ti neud yw rhoi dwy bilsen iddo fe, un goch ac un ddu. Rho'r un goch iddo fe gynta, a wedyn yr un ddu."

"Iawn," medde Dewi a bant â fe.

Wythnos wedyn ro'dd y milfeddyg yn mynd drwy'r pentre yn y car, a pwy o'dd ar y sgwâr gyda'i filgi, ond Dewi.

Fe stopiodd y milfeddyg, a dod draw at Dewi i'w holi.

"Hwn yw'r milgi?" gofynnodd y milfeddyg.

"Ie," ebe Dewi.

"Wel," ebe'r milfeddyg, "a wnes di beth wedes i?"

"Do, mewn ffordd," ebe Dewi. "Rhoies i'r bilsen goch iddo fe gynta fel wedsoch chi, ond lwcus i fi gymryd yr un ddu 'yn hunan, neu bydden i ddim wedi 'i ddala fe!"

★　★　★

Fe a'th yr hen Dewi i'r ysbyty yn sydyn iawn, ac wedi iddo fe gael y lawdriniaeth, yr unig ffordd allen nhw roi dŵr neu unrhyw ddiod iddo fe o'dd drwy'r part ôl.

Da'th y nyrs heibio un prynhawn a holi Dewi os o'dd e ishe paned o de.

"Iawn," medde fe, a dyma hi'n dechre arllwys y te drwy'r pen-ôl gyda ffwnel.

Bloeddiodd Dewi nerth i ben iddi stopio.

"Beth sy'n bod?" ebe'r nyrs wrtho. "Odi'r te'n rhy dwym?"

"Na!" medde Dewi. "Sdim digon o siwgwr ynddo fe!"

★　★　★

Fe dorrodd car Dat-cu lawr ar yr hewl un prynhawn, a fe dda'th boi y garej allan. Ar ôl chwarter awr fe drodd at Dat-cu a dweud, "Y broblem gyda'ch car chi yw bod y batri'n fflat," medde boi y garej.

"Iawn," medde Dat-cu, "ond pwy siâp ddyle'r batri fod, 'te?"

* * *

O'dd Dat-cu yn disgwyl bws i fynd i Abertawe un diwrnod, pan gyrraeddodd y bws, dyma fe'n holi'r gyrrwr docyn i Abertawe.

"Dyw'r bws 'ma ddim yn mynd i Abertawe." medde'r gyrrwr.

"Wel, ma fe'n gweud Abertawe ar ei flaen e."

"Clyw," medde'r gyrrwr, "Ma fe'n gweud Persil ar ochor y bws, ond symo 'na'n golygu bod ni'n golchi dillad hefyd!"

* * *

Fi'n cofio Mam-gu yn mynd â fi i Abertawe ar y trên un diwrnod pan own i'n grwt deuddeg oed, a lawr â ni i'r orsaf, ac i'r lle talu am docynne.

"Alla i gael un a hanner i Abertawe," medde hi.

"Alla i ddim rhoi un a hanner i chi, achos ma'r crwt sydd gyda chi yn gwisgo trowser hir."

"Wel," medde Mam-gu, "os mae mynd yn ôl hyd y trowser 'ych chi, dewch â un iddo fe a hanner i fi!"

Arnold

Dyna fachan yw Arnold – os 'ych chi ishe 'i gael e i chwerthin ar fore dydd Llun, rhaid i chi ddweud jôc wrtho ar brynhawn dydd Gwener!

★   ★   ★

O'dd Arnold yn prynu'r *Western Mail* bob dydd, achos bod e'n methu deall shwt o'dd pobol yn galler marw yn nhrefn yr wyddor!

★   ★   ★

Mae e wrth 'i fodd yn aros ar y prom yn Aberystwyth, yn gwylltio'r ymwelwyr. Da'th gŵr a gwraig heibio un prynhawn a holi, "Odi'r hewl 'ma yn mynd i Aberteifi?"

"Nagyw," ebe Arnold, "mae'n aros fan hyn drwy'r amser!"

★   ★   ★

Fe holodd rhyw wraig iddo fe yn ei Saesneg gorau os o'dd B & Q i gael ym Machynlleth.

"Nagoes," medde Arnold, "ond ma tair *g* yn Abergwyngregyn!"

* * *

Da'th lorri fawr heibio un prynhawn a holi Arnold pa mor bell o'dd Aberaeron o Aberystwyth.

"Tua saith mil, wyth cant a deg milltir."

"Wel," medde'r gyrrwr, "ro'n i'n meddwl bo hi'n fwy agos 'na hynny i Aberaeron."

"Tro di'r lorri rownd ffordd arall, a weli di mai dim ond pymtheg milltir lawr yr hewl yw e!"

* * *

Fe a'th Arnold fewn i'r siop gwerthu popeth a holi'r wraig tu ôl i'r cownter beth o'dd y pethe o'dd hi'n werthu ar y shelff ucha.

"Fflasgs thermos yw rheina," medde hi wrth Arnold.

"A beth ma fflasgs thermos fod i neud?"

"Wel Arnold," medde hi, "ma nhw'n cadw pethe twym yn dwym, a pethe oer yn oer."

"Fe bryna i un o rheina," medde Arnold.

Bore drannoth, fe a'th â'r fflasg i'r gwaith, ac amser te deg, tynnodd hi mas.

Holodd ei gyfaill, "Beth yw hwnna sydd gen ti, Arnold?"

"Fflasg thermos," mynte fe.

"A beth ma fe fod neud?"

"Ma fe'n cadw pethe twym yn dwym a pethe oer yn oer," medde Arnold.

"'Na dda," medde'r cyfaill. "Beth sydd gyda ti ynddo fe heddi?"

"Ar hyn o bryd," mynte Arnold, "dwy ddishgled o de a dau hufen ia!"

* * *

Fe a'th i drafferth gyda'r heddlu. I ddechrau, naethon nhw 'i stopio fe, a dyma'r heddwas yn gweud wrtho, "Ni wedi eich stopio chi achos chi'n neud wyth deg milltir yr awr."

"Peidwch siarad mor dwp!" medde Arnold, "Smo fi wedi bod allan o'r tŷ am awr!"

* * *

Fe gafodd ei gyhuddo o ddwyn tin o domatos, a pan a'th e i'r cwrt, fe holodd y barnwr fel o'dd e'n pledio.

"Euog, syr!" wedodd Arnold.

"Reit," medde'r Barnwr, "agorwch y tin tomatos, ag arllwyswch nhw allan."

Wedi neud hynny dyma'r Barnwr yn holi sawl tomato o'dd yn y tin.

"Chwech, syr," medde Clerc y Llys.

"Iawn," medde'r Barnwr, "fe gei di chwech mis o garchar am y drosedd."

Fe drodd Arnold at y cyfreithwr a gweud, "'Na lwcus odw i na wnes i ddwyn tin o bys!"

★   ★   ★

Fe glywodd e rhywun yn gweud bod y Frenhines yn cael ei phen-blwydd yn saith deg, ac fe halodd fasged o blwms iddi fel anrheg.

"Pam wnes di hynna?" medde cyfaill.

"Achos bod e'n gweud yn anthem Lloegr, *'Send Her Victorias'*."

★   ★   ★

O'dd y gŵr drws nesa i dŷ Arnold wedi penderfynu papuro cyntedd a stâr y tŷ, ac fe gofiodd bod Arnold newydd neud run peth yn ei dŷ e.

O gofio bod y ddau le yr un peth, fe holodd Arnold sawl rolyn o bapur o'dd e wedi prynu i neud y gwaith.

A wedodd Arnold, "Dau ddeg tri."

A bant â'r gŵr drws nesa i brynu dau ddeg tri rolyn. Pan dda'th y gwaith i ben, o'dd tri rolyn dros ben, a fe welodd Arnold a'i holi eto sawl rolyn o'dd e wedi brynu.

"Dau ddeg tri," medde Arnold.

"Wel 'na'n gwmws beth brynes i. Ma'ch tŷ chi yn gwmws 'run maint â tŷ ni, a ma gyda fi dri rolyn dros ben."

"Na beth od," medde Arnold, "o'dd tri rolyn dros ben 'da fi hefyd!"

Plant Drwg

Holodd yr athrawes Harri bach, "P'un yw dy berthynas pella di, Harri?"

"'Yn Wncwl, Miss," medde Harri.

"O? A shwt wyt ti'n gweud hynny, Harri?" medde'r athrawes.

"Achos bod e'n byw yn Awstralia, Miss!"

★   ★   ★

Mewn gwers Rifyddeg holodd yr athrawes Harri, "Os yw bwtshwr lleol yn chwe troedfedd pum modfedd, beth ma fe'n bwyso?"

"Fi'n gwbod, Miss!" medde Harri, "Cig!"

★   ★   ★

Yn y wers geirie lluosog holodd yr athrawes: "Beth yw mwy nag un afal?" a'r dosbarth yn ateb, "Afalau."

"Beth yw mwy nag un capel?" a'r dosbarth yn ateb, "Capeli."

"Beth yw mwy nag un oren?" a'r dosbarth yn ateb,

"Orennau."

Pan holodd beth yw mwy nag un carreg, fe floeddiodd Harri, "*Chippings*, Miss!"

★ ★ ★

Harri, wyt ti'n defnyddio dy law dde i ysgrifennu?" holodd ei athro un dydd

"Nadw, Syr," medde Harri.

"Rhaid bo ti'n defnyddio dy law chwith."

"Nadw, Syr," medde Harri.

"Wel, beth felly wyt ti'n ddefnyddio i ysgrifennu?"

"Beiro sydd 'da fi rhan fynycha, Syr!"

★ ★ ★

Mewn gwers Fywydeg fe holodd yr athro pa mor hir alle person bara heb frêns.

Harri o'dd y cynta i godi ei law â'r ateb, "Fi'n gwbod, Syr! Beth yw eich oed chi nawr?"

★ ★ ★

Fe drodd y wers Ddaearyddiaeth allan yn halibalŵ. Pan holodd yr athro beth o'dd yr enw Cymraeg am *France*, atebodd Mari, "Ffrainc, Syr."

"Beth yw'r enw Cymraeg am *Germany?*" Atebodd Lewis, "Yr Almaen, Syr."

"Beth yw'r enw Cymraeg am *Iceland*?" Atebodd Jane,

"Gwlad yr Iâ."

"Beth yw'r enw Cymraeg am Chile?" Neidodd Harri ar ei draed a gweiddi, "Fi'n gwbod, Syr! Mae'n oer!"

★   ★   ★

O'dd ganddon ni grwt drwg arall o'r enw Wilbert oedd yn fab ffarm. O'dd e wastad yn dod i'r ysgol yn hwyr yn y bore achos bod rhyw waith i neud ar y ffarm cyn dod i'r ysgol.

Un bore fe dda'th awr yn hwyr, ac fe ofynnodd yr

athrawes am esboniad ganddo.

"Miss," medde Wilbert, "Gorfod i fi fynd â'r fuwch lawr at y tarw."

"Wilbert," ebe'r athrawes, "alle dy Dad ddim neud y gwaith?"

"Na, Miss," medde Wilbert. "O'dd rhaid i'r fuwch ga'l tarw!"

★ ★ ★

Fe fuodd mewn trafferth gyda'r heddlu – cafodd 'i ddal yn shafio blew oddi ar gwsberis a'u gwerthu fel grawnwin ym marchnad Llanelli.

★ ★ ★

Fe gafodd jâl am rhyw drosedd neu'i gilydd. Cafodd fynd i jâl Abertawe, ac fe dorrodd e dwnnel allan o dan y jâl. Cymerodd chwech mis iddo gloddio'r twnnel – a dim ond tri mis o'dd e fewn yn y jâl!

★ ★ ★

Pan o'dd e'n grwt bach ac ishe mynd i'r tŷ bach, o'dd e'n arfer gweud bod e ishe mynd i bi-pi. Ond wedodd 'i fam wrtho bod y geiriau 'na ddim yn addas, yn enwedig os o'dd ymwelwyr yn y tŷ.

"Wel beth fi fod weud te?" medde Wilbert.

"Bydd rhaid inni gael gair arbennig, fel 'sibrwd'. Pan

bo ti ishe mynd i'r tŷ bach, gwed bo ti ishe sibrwd."

Pwy dda'th i ginio dydd Sul ond y ficer, ac yn ystod y pryd bwyd fe drodd Wilbert at y ficer a dweud bod e ishe sibrwd.

"Iawn, Wilbert bach," ebe'r ficer, "sibrwd yn 'y nghlust i os ti ishe!"

Stryd Ni

O'dd John tu allan i'r tŷ un prynhawn o haf yn peintio, ac ro'dd côt fawr amdano; dros honno ro'dd e'n gwisgo côt fach, a thros honno ro'dd e'n gwisgo *overalls*.

Fe stopies i i siarad ag e, a holi pam o'dd e'n gwisgo yr holl ddillad i beinto'r tŷ ynghanol haf.

"Paid holi cwestiwn mor dwp! Ma fe'n gweud ar y tin bod chi fod rhoi tair côt arno.

Mae'r boi yr ochor draw i'r hewl yn hoff iawn o'i ddiod. A'th ati i gymysgu brandi a sudd moron un prynhawn.

"Dyma beth yw diod arbennig o dda," medde fe wrtho i.

"Beth sy'n arbennig o dda ambyti fe?" medde fi.

"Weda i wrthot ti. Ti'n meddwi yn gloi, ond ti'n galler ffindo'r ffordd adre!"

★ ★ ★

Medde Gladys, "Dai, ma'r boi drws nesa yn meddwl y byd o'i wraig. Mae'n rhoi cusan iddi bob tro ma fe'n mynd allan a ma fe hyd yn oed yn taflu cusan iddi wrth giât y tŷ."

"Odi fe, Gladys?" medde Wncwl Dai.

"Odi," medde Gladys. "Pam na elli di neud hynna?"

"Paid bod mor dwp, Gladys!" medde Wncwl Dai. "Symo i hyd yn oed yn adnabod y fenyw!"

★ ★ ★

O'dd Ifan yn ishde yn y bar un noson a dyma'r boi drws nesa yn dod fewn a rhoi clatshen iddo ar 'i drwyn nes bod e'n fflat ar llawr.

"Pam ti'n neud hynna?" medde Ifan wrth 'i gymydog.

"Achos bo ti wedi gweud wrth bawb bod lwmp gyda'r wraig ar ei phen-ôl."

"Wedes i ddim shwt beth," medde Ifan. "Gweud nes i bod e'n *teimlo* fel lwmp!"

★　★　★

A'th Irfon i weld doctor, a holi'r doctor os o'dd rhywbeth gyda fe at draed fflat.

"O's," medde'r doctor. "Cer i brynu pwmp beic!"

★　★　★

Ma doctor yn byw ar 'yn stryd ni, a fe dorrodd sistern y tŷ bach yn ei dŷ un noson, nes bod y lle yn ddŵr i gyd.

Peth cynta 'naeth e o'dd ffonio'r plymiwr, a gofyn iddo ddod allan i drwsio'r gwaith ar unwaith.

"Alla i byth," medde'r plymwr, "ma'r wraig yn cael ei phen-blwydd, a fi'n mynd â hi allan am swper."

"Gronda 'ma," medde'r doctor, "bob tro ma rhywun yn dost yn tŷ chi, wyt ti'n dishgwl i fi ddod ar unwaith; nawr rwy'n dishgwl yr un gwasanaeth wrthot ti."

"Iawn!" medde'r plymwr, "fydda i draw nawr," a bant â fe.

Pan gyrraeddodd e dŷ'r doctor, mewn â fe, a lan llofft i'r ystafell molchi, a holi'r doctor, "Hon yw'r sistern sy'n gollwng?"

"Ie," medde'r doctor.

"Iawn," mynte'r plymwr, a thynnodd ddwy asbrin o'i boced, yna codi clawr y sistern, eu towlu nhw fewn, a tynnu'r tsiaen. Wedyn trodd at y doctor a dweud, "Os na fydd e'n well yn y bore rhowch alwad ffôn arall i fi!"

*   *   *

O'dd cyfaill drws-nesa-ond-tri i ni wedi penderfynu ymddeol. Ar y dydd Llun cynta o'r bywyd newydd, fe 'naeth e ddarganfod bod 'i wraig wedi paratoi rhestr o waith iddo neud bob dydd o'r wythnos: glanhau ffenestri, neud yr ardd, torri'r lawnt, golchi'r car, peinto'r tŷ, a prynhawn Gwener mynd i'r siop fwtshwr i nôl cig at ginio dydd Sul.

"Nawr cofia bo' ti'n gweud wrth y bwtshwr bod ishe cig eidion *sirloin* – y gore. Fi'n moyn e'n goch ac yn dyner." A bant â fe.

Pan a'th fewn i'r siop fwtshwr fe holodd am "gig eidion *sirloin* – y gore, a ma'r wraig ishe fe'n goch ac yn dyner".

"Ianto," medde'r bwtshwr, "ma'r darn eidion sydd gen i fan hyn mor goch a thyner â chalon dy wraig di."

"Clyw," medde Ianto, "os mai dyna safon dy gig di, dere a dau bownd o sosejis yn lle 'nny!"

*   *   *

Fe gawson ni ladrad yn y stryd, yn nhŷ Mrs Williams. Roedd lladron wedi torri fewn i'r tŷ dau-ddrws-lawr o'n tŷ ni, a fe naethon nhw droi'r tŷ ben-ucha'n-isa; popeth wedi'i dowlu ar hyd a lled y tŷ – cwpwrdde, drorie i gyd ar agor, popeth ar y llawr.

Wnaeth Mrs Williams ddim galw'r heddlu am ddau ddiwrnod.

Pan gyrhaeddodd yr heddlu a gweld y mes, fe holodd yr heddwas pam 'na fydde hi wedi ffonio yn gynt.

"Weda i wrthoch chi," medde Mrs Williams. "O'n i'n meddwl mai'r gŵr o'dd e, wedi dod adre, a wedi bod yn chwilio am 'i grys!"

★   ★   ★

O'dd y boi drws nesa i fi wedi colli 'i wallt, a fe benderfynodd fynd allan i brynu wig. Pan dda'th e adre fe holodd Ianto os dyle fe weud wrth y wraig bod e wedi prynu wig newydd.

"Weden i ddim gair, 'sen i yn dy le di," medde Ianto. "Cadwa fe dan dy hat!"

★   ★   ★

A'th Ianto i brynu siwt newydd, a wedi iddo fe gael ei fesur, fe wedodd y boi bach o'dd yn y siop y bydde'r siwt yn barod mewn mis.

"Mis i wneud siwt!" medde Ianto, "Dim ond chwech diwrnod gymerodd hi i neud y byd!"

"Fi'n gwbod 'nny," medde'r siopwr, "ond ti wedi gweld shwt fes ma'r hen fyd 'ma ynddo fe?"

Chwaraeon

Medde Wncwl Dai, "Ti'n gwbod bod y crwt 'na sydd gen i yn galler rhedeg can medr mewn saith eiliad?"

"Peidwch siarad dwli – 'sneb yn y byd yn galler neud hynna," medde fi.

"Ie, wel, ma nghrwt i'n gwbod am *short cut!*"

★   ★   ★

Fe brynodd Now a Ned geffyl rasus yr un, a'u gosod allan yn y cae 'ma gyda'i gilydd.

"Sut 'yn ni'n mynd i weud y gwahanieth, Ned?" mynte Now.

"Wel," medde Ned, "fe dorra i hanner mwng 'y ngheffyl i." A dyna ddigwyddodd.

Bore wedyn pan gododd y ddau a mynd i weld y ddau geffyl, ro'dd rhywun wedi torri hanner mwng ceffyl Phil hefyd.

"Paid becso," medde Ned, "fe dorra i bant weddill mwng 'y ngheffyl i."

Wedyn lawr â nhw bore wedyn, a o'dd rhywun wedi

torri gweddill mwng ceffyl Ned bant hefyd.

"Reit," medde Ned, "fe dorra i hanner cwt 'y ngheffyl i bant."

Bore wedyn pan gyraeddodd y ddau y cae o'dd rhywun wedi torri hanner cwt ceffyl Now bant hefyd.

"Paid pryderu," medde Now, "fe dorra i weddill cwt 'y ngheffyl i bant."

Bore wedyn o'dd gweddill cwt ceffyl Ned wedi diflannu hefyd.

"Reit," mynte Now, "ma rhaid i ni fod yn ofalus – y ffordd ma pethe'n mynd , bydd dim ceffylau gyda ni ar ôl."

"Ti'n iawn," mynte Ned. "Y peth gorau i ni neud yw bod ti'n cael y ceffyl gwyn a gadwa i y ceffyl du!"

★ ★ ★

Holodd rhywun Wncwl Dai beth o'dd y pysgodyn mwya o'dd e wedi ei ddal erioed.

Wedodd Wncwl Dai, "Sa i'n gwbod; o'dd e mor fawr, allen i ddim o'i godi fe ar y *scales*. Ond alla i ddweud hyn – o'dd y llun dynnon ni ohono fe yn pwyso pum pownd!"

O'dd Wncwl Dai wedi trio cystadleuaeth bysgota ar y llyn, ag allan â fe yn y cwch 'ma gyda dau bysgotwr arall.

"Fi'n meddwl y gwna i bysgota o'r ochor chwith i'r cwch heddi," medde Wncwl Dai. Ac yn ystod y dydd, o'dd Wncwl Dai yn dal pob pysgodyn o'dd yn symud, tra o'dd y ddau arall yn dal dim.

Y diwrnod wedyn, allan â nhw eto yn yr un cwch. Y tro 'ma fe wedodd Wncwl Dai bydde well gyda fe bysgota ar ochr dde y cwch. A trwy'r dydd o'dd Wncwl Dai yn eu tynnu nhw allan o'r dŵr bob hanner awr, tra bod y ddau arall yn dal dim.

"Shwt wyt ti'n llwyddo i ddal cyment, Dai?" medde'r ddau arall.

"Weda i wrthoch chi, bois," mynte Wncwl Dai, "fi'n dihuno yn y bore, ac os yw'r wraig yn gorwedd ar 'i hochor dde, bydda i yn pysgota ar yr ochor dde, ond os bydd y wraig yn gorwedd ar yr ochor chwith, bydda i'n pysgota ar yr ochor chwith."

"Gronda, Dai," medde un o'r bois, "beth os bydd hi'n gorwedd ar 'i chefen?"

"Wel boi," medde Wncwl Dai, "sdim pysgota o gwbwl wedyn!"

★ ★ ★

O'dd Anti Gerti yn cwyno un noson wrth Wncwl Dai bod e byth yn mynd â hi allan am fwyd fel o'dd e'n arfer neud cyn bod nhw'n briod.

"Sdim pwynt, oes e?" medde Wncwl Dai, "symot ti'n rhoi abwyd i bysgodyn ar ôl 'i ddal e!"

★ ★ ★

Harri bach yn dweud wrth ei wraig, "Sai'n deall menwod. Pam bo nhw'n gweud bod nhw wedi bod yn siopa, a ddim yn prynu dim?"

"Ry'n ni fel chi ddynion," medde gwraig Harri, "yn gweud bod chi'n pysgota, a ddim yn dal dim!"

★ ★ ★

Holodd yr athrawes Ianto bach os o'dd e'n meddwl bod pysgod yn tyfu'n gloi.

"Odyn glei, Miss," medde Ianto, "fe ddalodd 'nhad un tua chwech modfedd wythnos dwetha. A bob tro ma fe'n sôn amdano fe mae'n tyfu dwy fodfedd!"

★ ★ ★

Fe a'th Dai a Wil i bysgota am wythnos o wyliau. Fe logon nhw gwch a dod o hyd i fan gwych ar y llyn i bysgota, a dal pysgod drwy'r dydd.

"Dai," medde Wil, "bydd rhaid inni ddod nôl fan hyn fory."

"Ti'n iawn, Wil," medde Dai, "ond shwt allwn ni gofio lle 'yn ni wedi bod heddi?"

"Mi roia i groes mewn sialc ar ochor y cwch. Neith hwnna'n atgoffa ni," medde Wil.

"Paid siarad mor dwp," mynte Dai, "falle mai cwch arall fydd gyda ni fory!"

★　★　★

Daeth y Sais 'ma lawr o Fanceinion i bysgota ar y Tywi am wythnos, a tra o'dd e lawr 'ma, o'dd e'n aros yn y gwesty dryta yn yr ardal.

Drwy'r wythnos o'dd e allan yn pysgota ar yr afon Tywi, heb ddal dim yw dim hyd y dydd Gwener – pan ddaeth hi'n amser mynd adre. Wedi talu tri chan punt am wythnos yn y gwesty, fe lwyddodd i dynnu samwn tri phownd allan o'r afon.

"Wel," medde fe, "ma'r samwn 'ma wedi costi tri chan punt i fi."

"Wel," medde Wncwl Dai, o'dd yn pysgota gerllaw, "ti'n lwcus iawn bo ti ddim wedi dal dau ohonyn nhw!"

Wncwl Dai

Fel wedodd Wncwl Dai, fod ein teulu ni'n mynd nôl yn bell. "Ro'dd fy hen hen Dat-cu yn wmladd Napoleon, a ro'dd hen Dat-cu yn wmladd yn erbyn yr Americanwyr. A ro'dd Dat-cu yn wmladd yn erbyn yr Almaenwyr, tra ro'dd cefnder i fi yn wmladd yn Irac."

"Na beth od, Wncwl Dai," medde fi, "symo'n teulu ni yn galler cytuno â neb, mae'n rhaid!"

★   ★   ★

Fe weles i Wncwl Dai un prynhawn gyda *bagpipes* y boi drws nesa.

"Beth 'ych chi'n neud â rheina?" medde fi.

"Wedi cael 'u menthyg nhw wrth y boi drws nesa," medde Wncwl Dai.

"Symoch chi'n galler chware'r pibellau, Wncwl Dai," medde fi.

"Nadw," medde Wncwl Dai, "a tra bod nhw gyda fi, symo fe drws nesa yn galler chware nhw chwaith."

★   ★   ★

Fe ddaeth Wncwl Dai gatre un noson wedi meddwi, a'r bore wedyn fe gornelodd Anti Gerti fe.

"Wel, fel hyn o'dd hi," medde Wncwl Dai. "O'n i mewn cwmni gwael. Fe enilles i botel o wisgi mewn raffl…"

"Ie?" medde Gertie. "A pwy naeth helpu ti yfed y botel?"

"Griff bach, Sioni ac Arthur," medde Wncwl Dai.

"Ond does yr un o rheina'n yfed," medde Gertie.

"Dyna gwmws beth wy'n feddwl," medde Wncwl Dai. "Ro'n i mewn cwmni gwael, Gertie."

★   ★   ★

Gilbert yn gofyn i Wncwl Dai, "Os yw afal yn dod o dan ffrwythau, a taten yn dod o dan llysiau, o dan beth mae wyau yn dod?"

"Sdim syniad 'da fi," medde Wncwl Dai.

"O dan yr iâr, Dad," medde Gilbert.

★   ★   ★

Fel wedodd Gertie wrth Wncwl Dai un prynhawn: "Ti'n gwbod bod rhan fwya o'r damweiniau sy'n digwydd dyddie 'ma yn digwydd yn y gegin."

"Sdim ishe ti ddweud – fi'n gwbod'nny," medde Wncwl Dai, "a fi sy'n gorfod 'u bwyta nhw."

★   ★   ★

Aeth Gilbert i chwilio am swydd mewn siop fwtshwr. A phan welodd y bwtshwr fe holodd Gilbert:

"Nage ti o'dd y crwt o'dd 'ma wythnos dwetha, yn chwilio am waith?"

"Dyna chi," medde Gilbert, "Fi o'dd e."

"Clyw 'ma nawr," medde'r Bwtshwr, "fe wedes i wrthot ti 'mod i ishe bachgen henach."

"Fi'n gwbod 'nny," medde Gilbert, "dyna pam rwy wedi dod nôl – rwy wythnos yn hennach nawr."

★   ★   ★

A'th Wncwl Dai i weld doctor.

"Doc," medde fe, "beth allwch chi wneud i'n helpu i? Ma nghoese i fel harn, ma mhen i fel darn o blwm a nhrwyn i yn rhedeg fel tap."

"Wel," medde'r doctor, "nid fi ddyle chi fynd i weld, ond y plymiwr."

★   ★   ★

Ma dysgu dreifio car yn beth pwysig iawn y dyddiau 'ma.

Ma Anti Gerti wedi llwyddo o'r diwedd.

"Faint o amser gymerodd hi i Anti Gertie ddysgu dreifio, Wncwl Dai?" medde fi.

"Rhyw dri neu bedwar," medde Wncwl Dai.

"Wythnos chi'n feddwl, ife?" medde fi.

"Nage," medde Wncwl Dai, "tri neu bedwar car."

★ ★ ★

Roedd Wncwl Dai wedi bod yn rhoi gwersi nofio i'w wraig Gerti, heb gael llawer o lwc.

"Gerti," medde Wncwl Dai, "fi wedi dod â ti i'r pwll nofio 'ma ugain o weithiau a ti dal i fod yn methu nofio."

"Gwranda 'ma, Dai," medde Gerti, "fi wedi bod yn anadlu awyr iach o'r funed ges i ngeni a rwy'n dal i fod yn methu hedfan."

★ ★ ★

Ma Wncwl Dai wedi cael swydd yn gweithio mewn tŷ tafarn. Yn y dafarn y noson o'r blaen, dyma ferch yn holi am Fartini sych.

"Drychwch," meddai Wncwl Dai. "Fi'n brysur iawn 'ma heno, dyma'r Martini, sychwch e eich hunan."

Phil a Wil

Fe holodd Phil gwestiwn i Wil un prynhawn:
"Pryd wnest di ddechrau mwynhau cwmni merched, Wil?"

"Weda i wrthot ti, Phil," medde Wil, "y funed ffindes i allan mai nid bechgyn o'n nhw."

★   ★   ★

Ro'dd Phil wedi mynd ar ei wyliau gyda'r wraig, a'r ddau wedi penderfynu teithio 'da car. Gwaetha'r modd fe gethon nhw ddamwain, a fe siwiodd Phil yrrwr y car arall.

"Shwt a'th yr achos, Phil?" medde Wil.

"Fe enilles i, gwd boi," medde Phil, "dwy fil o bunnodd i fi a pum cant i'r wraig."

"Gath dy wraig niwed te, Phil?" medde Wil.

"Naddo," medde Phil, "ond yn y rhialtwch, ges i ddigon o sens i roi cic iddi wrth ddod mas o'r car."

★   ★   ★

Ma Phil wedi cael swydd dros dro yn dreifio lorri lo, a'r diwrnod cynta fe dynnodd y lorri lan wrth y tŷ ma, ddeg llathen yn bellach na'r giât.

Fe wedodd y bechgyn wrth Phil am facio'r lorri nôl, a'r tro 'ma mi a'th ddeg llathen ymhellach y ffordd arall.

Dyma'r bois yn gweiddi arno fe eto am stopio.

"Sefwch funed, fechgyn," medde Phil, "fe gaf fi fe'n iawn nawr."

"Sa lle wyt ti, Phil bach," medde'r bois, "mae'n rhwyddach i ni i symud y tŷ!"

★   ★   ★

O'dd Phil wedi cael swydd gweithio gyda cwmni adeiladu, a'r diwrnod cynta ro'dd y pen bandit wedi llwytho cant o flocs fewn i wilber Phil, a gweud wrtho fe am symud nhw hanner milltir yn bellach lawr at yr adeilad.

"Iawn," medde Phil, o'dd yn cael gwaith gweld lle o'dd e'n mynd. "O's modd i ti glymu dwy flocsen arall am yn nhraed i?"

"Pam 'nny?" medde'r bos.

"Rhag ofn," medde Phil, "ga i'r awydd i ddechrau rhedeg."

★   ★   ★

Phil a Wil wedi ennill hanner can miliwn ar y lotri, a lan â nhw i Lundain i nôl yr arian.

Wedi derbyn y siec, allan â nhw a fe benderfynwyd

eu bod nhw am brynu car yr un – dau Jaguar – a bant â nhw.

Ar y ffordd fe welson nhw siop *fish* a *chips*, a fewn â nhw.

"Phil," medde Wil, "dala i am y *fish* a *chips*."

A lawr â nhw i'r garej a prynu y ddau Jaguar, un coch i Phil a un gwyn i Wil.

Pan da'th yn amser talu, "Aros funed, Wil," medde Phil, "dala i am y ddau Jaguar, achos chware teg, dales ti am y *fish* a *chips*."

★ ★ ★

O'dd Phil a Wil wedi penderfynu cael stêc i swper, gan bod Martha bant yn gweld ei chwaer.

Fe brynon nhw bum pwys o gig wrth y bwtshwr, a gatre a'r ddau. Fe ddododd y ddau y pump pwys o stêc yn y gegin, a myn allan i'r ardd i nôl tato a pys.

Pan ddaethon nhw'n ôl, o'dd y cig wedi diflannu, a cyno yn y cegin yn llyfu ei wefusau oedd y ci.

"Wil," medde Phil, "ma'r ci wedi bwyta'r cig i gyd. Edrych – ma fe'n llyfu ei wefusau."

"Gewn ni weld nawr, Phil," medde Wil. "Dere i ni gael ei bwyso fe."

A dyna naethon nhw; pwyso'r hen gi ar dafol fach, a gweld bod y ci yn pwyso pump pwys yn gwmws.

"Dyna fe," medde Phil, "pump pwys. Dyna lle ma'r stêc."

"Os felly," medde Wil, "lle ti'n gweud ma'r ci."

Medde Wil wrth Phil, "Dyna bar od o sanau ti'n wisgo heddi. Ma un yn goch a'r llall yn felyn."

"Fi'n gwbod," medde Phil, "a dyna beth od, Wil, mae pâr arall yn gwmws 'run fath gyda fi adre."

★ ★ ★

Medde Phil, "Rwy'n mynd â'n arian cyflog i'r banc bob wythnos."

"Pam 'nny?" medde Wil.

"Achos bod e'n rhy fach i fynd ar ben 'i hunan," medde Phil.

★ ★ ★

Un prynhawn, dywedodd Wil, "Ti'n gwbod, Phil, bues i unwaith yn meddwl cael dwy wraig,"

"Beth 'naeth i ti beidio, Wil?" medde Phil.

"O'n i ddim yn ffansïo cael dwy fam-yng-nghyfraith."

★ ★ ★

O'dd Wil yn rhedeg lawr yr hewl y dydd o'r bla'n.

"Lle ti wedi bod?" medde Phil.

"Fi wedi bod draw yn y fynwent," medde Wil.

"Pwy sydd wedi marw, Wil?" medde Phil.

"Wel," medde Wil, "roedden nhw i gyd i weld fel 'sen nhw wedi marw i fi!"

Jôcs Dwl

Holodd yr athro os alle Gilbert ddweud y gwahaniaeth rhwng sgerbwd dyn a sgerbwd menyw.

"Galla," medde Gilbert, "ma sgerbwd menyw wastad a'i cheg ar agor."

★ ★ ★

Mae babi newydd wedi cael ei eni drws nesa i tŷ ni.

Fe holes i'r crwt bach drws nesa yr wythnos 'ma: "Beth fydd enw'r babi newydd?"

"Dad-cu, rwy'n meddwl," medde fe.

"Dad-cu?" medde fi, "Pam 'nny?"

"Wel," medde fe, "glywes i Mam yn gweud bod hi yn meddwl galw fe ar ôl 'i thad."

★ ★ ★

O'n i yn mynd lawr y stryd yng Nghaerdydd wythnos dwetha a dyna lle o'dd y buscer 'ma ar ganol y stryd yn neidio lan a lawr. Ar ôl edrych arno am ddwy neu dair muned, dyma fi draw ato a holi beth oedd e'n neud.

"Newydd gymryd moddion ges i gan y doctor bore

ma odw i," medde fe.

"O," medde fi, "pam wyt ti'n neidio lan a lawr – odi'r moddion yn llosgi?"

"Na," medde fe, "anghofiais i shiglo'r botel."

★   ★   ★

Mae gŵr newydd wedi symud i'n stryd ni. Athro arlunio yw e wrth ei waith.

Dyma fi'n ei holi e echdoe:

"Odych chi wedi peintio rhywun heb ddillad arno rioed?"

"Odw," medde fe, "sawl gwaith, ond fel rheol rwy'n trio cadw'n sgidiau a'n sane 'mlaen."

＊　＊　＊

Gofynnodd Derec i Meic pa mor hir o'dd e yn y fyddin.

"Weda i wrthot ti, Derec," medde Meic, "chwech trodfedd a dwy fodfedd."

＊　＊　＊

Fe stopiodd y meddwyn fi y dydd o'r blaen ar y stryd a holi:

"Allet ti weud wrtha i lle ma'r ochor draw i'r hewl."

"Wrth gwrs," medde fi, "draw fan 'co."

"Na beth od," medde fe, "ma rhyw ffŵl newydd ddweud wrtha i bod e draw'r ochor 'ma."

＊　＊　＊

On i'n siarad â'r boi drws nesa y dydd o'r blaen ac ro'dd e'n brolio shwt ferch dda o'dd 'i chwaer am gadw tŷ.

"O, pam wyt ti'n gweud 'nny?" medde fi.

"Wel," medde fe, "bob tro ma hi yn cael ysgariad, hi sy'n cadw'r tŷ."

＊　＊　＊

Pwy ddaeth i mewn i'r ffatri un bore ond y bos, perchennog y lle.

"Clywch bawb," meddai, "ma popeth yn y ffatri yma yn gweithio gyda electric."

"Chi'n iawn," medde un o'r gweithwyr, "ma hyd yn oed y cyflog yn rhoi sioc i chi."

* * *

Es i allan am bryd o fwyd y noson o'r blaen.
      Ro'dd y bwyd mor oer fe gadwodd y tatws eu jacedi amdanynt.

* * *

A'th y gŵr 'ma nôl at y doctor a dweud wrtho bod ei feddyginiaeth ddim wedi gweithio.

"Gwrandwch," medde'r doctor, "a gymroch chi llond cwpan o laeth ar ôl bath twym, fel wedes i?"

"Naddo," medde'r claf. "Wedi i fi yfed y bath twym, o'dd dim whant y cwpan o laeth arna i."

* * *

Fe es i weld doctor y dydd o'r blaen, ac wrth i fi gyrraedd y giât, daeth Alsatian mawr allan o'r tŷ a dechrau cyfarth.

Daeth y doctor allan a dweud wrtha i:

"Symot ti ofon y ci, wyt ti? Cofia beth ma nhw'n

dweud – bod ci sy'n cyfarth ddim yn cnoi."

"Wy'n gwbod 'nny," medde fi, "ond odi'r ci yn gwbod 'nny?"

★　★　★

Ma doctor yng nghanolbarth Cymru wedi bod yn arbrofi – mae e wedi croesi colomen a *woodpecker*.

Pan mae'r aderyn yn dod nôl wedi ras, mae'n galler cnocio'r drws i weud bod e gartre.

Y Wraig

Dyna fachan yw John y gŵr – galler bod tam' bach yn dwp. Wythnos dwetha werthodd rhyw ddyn docyn parcio gwerth £12 iddo fe am £5.

Mish yn ôl fe a'th allan i brynu ci du a gwyn, achos o'dd e'n meddwl bydde'r drwydded yn rhatach na thrwydded i gi amryliw.

Ond mae e'n dod o deulu od. Mae'i fam-gu newydd fynd ar y bilsen.

"Pam chi'n neud 'na, Mam-gu?" medde John wrthi.

"Fi ddim isie rhagor o wyrion!" mynte hi.

Pan o'dd e'n fabi, o'dd e mor salw, o'dd ei fam yn gwrthod pwsho'r pram – tynnu fe o'dd hi'n arfer neud.

A'th John a fi i dafarn y noson o'r blaen achos mod i'n cael 'y mhen-blwydd.

"Beth ti isie i yfed?" medde John wrtha i.

"Gymra i *aperitif* bach," medde fi. Dylen i fod wedi egluro iddo fe mae diod o'n i isie. Fe ddaeth e nôl mewn chwarter awr â set o ddannedd gosod mewn gwydr.

Ar ddiwrnod ei ben-blwydd e, gofynnais i John beth o'dd e isie fel anrheg.

"Tei yr un lliw â'n llyged i," medde fe.

Nawr gwedwch chi, ymhle alla i gael tei â'r lliwiau coch a gwyn yn rhedeg mewn i'w gilydd?

A phan dda'th hi'n adeg fy mhen-blwydd i, medde fe, "Beth yn gwmws wyt ti isie?"

"Unrhyw beth, John bach," medde fi, "cyn belled â bod diamwntiau ynddo fe."

A'th y twpsyn allan a prynu pecyn o gardiau chware i fi!

Wedes i wrtho fe un prynhawn y gallen ni gael anrheg pen-blwydd i'w fam o Interflora eleni. Wel, 'na beth o'dd tantryms wedyn – a'th e'n wallgo!

"'Sdim Interflora yn mynd i Mam!" medde fe. "Mae Mam yn werth mwy na twb o farjarîn!"

Mae'r teulu i gyd yn od – a'i chwaer yn waeth. Mae honno newydd golli 15 stôn – mae'r gŵr newydd ei gadael hi!

Wedes i wrtho fe wedi i ni briodi mod i yn mynd i gael babi, a bod y meddyg yn meddwl mai *triplets* o'n i'n gael.

O'dd John isie gwbod pwy o'dd tade y ddau arall!

Mae e'n ffansïo'i hunan fel tipyn o *chef*, byth a beunydd yn y gegin yn coginio – ond mae'r bwyd mor wael, mae e wedi gwenwyno'r bin sbwriel.

Mae jobyn bach rhyfedd gydag e – lan a lawr drwy'r amser. Mae e'n gweithio mewn ffatri io-ios.

Un bore, wedes i wrtho fe bod batri'r car wedi marw. A'th e allan i'r car, tynnu'r batri mas – a lawr ag e i waelod yr ardd i'w gladdu e.

Mae'n tŷ ni mor fach, 'yn ni wedi gorfod dysgu'r ci sut i shiglo'i gwt lan a lawr yn lle nôl a mlaen.

Dyna gi rhyfedd sydd gyda'r bobol drws nesa – Doberman Pinscher. Bob tro mae e'n gweld Doberman arall, mae e'n pinsio fe!

Mae John yn meddwl mai barbiciw yw llinell o bobol yn aros tu fas i siop farbwr. A mae'n meddwl mai *chow-en-lai* yw'r gair yn Tseina am wely a brecwast.

O'dd John yn sefyll o flaen y gwydr yn y stafell wely y noson o'r blaen ag un llygad ar gau.

"Beth ti'n neud?" medde fi.

"Trio gweld odw i beth wy'n edrych fel pan rwy'n cysgu!" meddai'r ffŵl.

Bob tro ma fe'n prynu car ail law, mae'n rhaid bod y ffenest gefn â gwres ynddi. 'Na'r unig ffordd mae e'n galler cadw'i ddwylo'n dwym pan mae e'n pwsho'r car!

Mae John wedi ca'l swydd mewn gwesty. Y job cynta ga'th e o'dd llanw'r botel halen. Ar ôl dwy awr, dyma'r rheolwr yn dod draw at John a holi sawl potel o'dd e wedi ei llenwi.

"Dim ond un," medde John. "Fi'n cael yffach o job yn rhoi'r halen trwy'r twll 'na yn nhop y botel!"

Mae John newydd ddarllen rhywle bod naw deg y cant o ddamweiniau car yn digwydd o fewn pum milltir i gatre. 'Na gyd yw ei gleber e nawr, yw bod e isie symud tŷ!

O'dd John am i ni fynd ar ein gwyliau eleni ar un o'r £1 *Stretcher Holidays*. Allech chi fynd i unrhyw le yn y wlad 'ma am bunt, dim ond eich bod chi'n mynd ar *stretcher!*

Mae e wedi cael jobyn arbennig. Mae 200 o bobol o dano fe – mae e'n torri gwair yn y fynwent!

Mae e newydd fethu ei brawf gyrru am y trydydd tro. Ffaelodd e achos bod e wedi agor y drws yn ystod y prawf i adael y *clutch* allan!

Am restr gyflawn o lyfrau'r wasg,
mynnwch gopi o'n Catalog – neu
hwyliwch i mewn i'n gwefan

www.ylolfa.com

i chwilio ac archebu ar-lein.

TALYBONT CEREDIGION CYMRU SY24 5AP
e-bost ylolfa@ylolfa.com
gwefan www.ylolfa.com
ffôn (01970) 832 304
ffacs 832 782